DE LA DISSOLUTION

DE

LA CHAMBRE DES DÉPUTÉS.

IMPRIMERIE DE SELLIGUE,
Rue des Jeûneurs, n. 14.

Aux Electeurs !

DE

LA DISSOLUTION

DE

LA CHAMBRE DES DÉPUTÉS

ET

DES ÉLECTIONS ;

PAR

SIMON THÉOPHILE.

Il s'agit des destinées de la France, il s'agit
dès-lors du bonheur individuel des citoyens.

PARIS,

JACQUES LEDOYEN, LIBRAIRE,
Palais-Royal, galerie d'Orléans, n. 16,
ET CHEZ TOUS LES MARCHANDS DE NOUVEAUTÉS.

1830.

AUX ÉLECTEURS.

DE

LA DISSOLUTION

DE LA

CHAMBRE DES DÉPUTÉS

ET

DES ÉLECTIONS.

LE ministère-Polignac en appelle à la France de l'arrêt prononcé contre lui par la majorité de la chambre des députés. La bataille électorale est engagée, et des urnes vont sortir les noms qui attesteront à l'Europe si la nation ratifie la conduite de ses mandataires. La réélection des deux cent vingt-un députés qui ont voté l'*adresse au Roi* assurera le triomphe du régime légal ; la réélection des membres de la minorité de la chambre serait certainement le signal d'une conflagration politique dont les résultats ébranleraient peut-être l'Europe et porteraient une atteinte grave aux intérêts et à la prospérité de la France.

Les électeurs né sauraient apporter trop d'attention à l'affaire des élections ; il s'agit des destinées de la France.... ; il s'agit dès-lors du bonheur individuel des citoyens.

C'est la lutte de l'ancien et du nouveau régime.

Le ministère-Polignac a subi depuis son avénement toutes les critiques, même les plus amères ; il a aussi été l'objet d'éloges pompeux ; les déclamations ne prouvent rien : il faut donc être juste ; les électeurs veulent la vérité : la France en a besoin.

Pour apprécier sainement la position actuelle de la France, il faut remonter aux événemens qui ont précédé la nomination du ministère-Polignac.

Après une administration de sept années, qualifiée de *déplorable* par les mandataires de la nation, M. de Villèle avait été obligé de se retirer. Personne assurément ne niera que la France ait ratifié cet arrêt. La conscience publique a parlé assez haut : la réprobation contre M. de Villèle et son système s'est manifestée avec éclat.

Un ministère métis, composé de membres modérés qui différaient entre eux de quelque nuance d'opinion politique, succéda au ministère fortement prononcé de M. de Villèle. Cette nouvelle administration, dirigée par M. de Martignac, se trouvait dans une position difficile.

La chambre des députés avait été élue sous le ministère de M. de Villèle. La législation électorale ouvrait alors la porte à la fraude, et la France sait comment cette mine féconde a été exploitée. Jamais plus de scandale, plus de corruption, n'ont été déployés (1). Les élections ont été accomplies sous l'influence de ces manœuvres; elles n'ont dès-lors donné pour résultat qu'une manifestation mensongère de l'esprit des collèges électoraux. Ces faits sont incontestables; leur preuve est écrite dans les procès-verbaux de la chambre des députés et dans les greffes des cours royales.

Une partie de la chambre des députés était encore dévouée à M. de Villèle et à son système; une autre partie était énergique dans son opposition. La majotiré était opposée au ministère déchu; mais la minorité ne manquait pas de puissance.

Soixante-seize pairs improvisés avaient singulièrement modifié l'opinion de la chambre haute.

Ainsi les principes de M. de Villèle, condamnés par la majorité libre des deux chambres, ne manquaient pourtant pas d'appui, et pouvaient même avoir quelque chance de succès, s'ils étaient légèrement modifiés dans le sens de la Charte. Mais encore c'eût été un succès de quelques voix seulement; car ils auraient toujours trouvé des adversaires énergiques,

(1) Sous la direction de M. Capelle, aujourd'hui ministre des travaux publics.

violens même dans les membres du côté gauche qui n'auraient jamais pu admettre, même avec de grandes modifications, le système du ministère de M. de Villèle.

De là, impossibilité pour quelque ministère que ce fût d'obtenir une majorité prononcée.

Le ministère-Martignac en a fait l'épreuve. Les premiers pas de cette administration s'annoncèrent sous d'heureux auspices. Deux lois justes reçurent la sanction législative, quoique avec opposition. L'une, en abolissant la *censure*, donnait au pays d'immenses garanties contre les écarts de la licence de la presse ; l'autre fermait désormais la porte aux fraudes électorales (1). Ces deux lois, il faut l'avouer, trouvèrent des adversaires opiniâtres dans le côté droit des deux chambres ; mais, éminemment justes, elles triomphèrent.

C'était le cas d'une dissolution de la Chambre des députés pour une administration qui aurait compris la Charte, et qui, sans arrière-pensée, aurait voulu son exécution franche et loyale. La représentation nationale eût alors été pure.

Mais il en a été autrement. Ce n'est jamais impunément que l'homme parvient au pouvoir ; il veut s'y maintenir. Déjà le ministère Martignac concevait des craintes ; il n'avait pas de popularité ; il aurait peut-

---

(1) Cette loi, la meilleure dont la France ait joui jusqu'à ce jour, pourrait encore subir de grandes améliorations.

être été dans la nécessité de se retirer devant une représentation nationale composée selon les vœux de la France ; car il cédait un peu par penchant, beaucoup par position, aux influences aristocratiques et cléricales ; il n'avait pas la volonté de leur résister ; il n'en avait pas le pouvoir.

Le ministère-Martignac voulut donc flatter les deux opinions ; il ne prit que des demi-mesures. Il mécontenta tout le monde.

De là, opposition violente, chute inévitable.

La cour, c'est-à-dire l'aristocratie, l'émigration, le clergé, enfin tous les gens qui, par leur naissance et leurs dignités, ont accès auprès du trône, a pu penser qu'un ministère aristocrate pur, imbu des principes de féodalité anglaise, et composé d'hommes capables et énergiques, obtiendrait dans la Chambre des députés une majorité assez puissante. Il faut convenir que cette Chambre, par la faiblesse avec laquelle elle avait manifesté ses principes constitutionnels pendant deux sessions, avait justifié ces espérances.

Depuis long-temps ce projet occupait la cour. De nombreuses négociations avaient été entamées avec une discrétion que la France avait pourtant su pénétrer. On attendait le moment opportun ; il se présenta.

Dans cette conjoncture l'influence de l'étranger a été puissante. C'est en vain que l'on a voulu la contester et même que des tribunaux, par une étrange interprétation de nos lois, ont considéré comme un délit l'expression de ce fait. Dans notre civilisation moderne, l'influence de l'étranger est irrésistible : un gouvernement ne peut s'isoler; il fait partie d'un grand tout. Les peuples de l'Europe sont soumis à cette influence des affaires étrangères. C'est une action et une réaction que chaque peuple reçoit ou impose, selon l'habileté de sa politique, selon son poids dans la balance de l'Europe.

Le cabinet de Saint-James voyait avec peine le ministère-Martignac méditer pour la France quelques projets d'agrandissement; la Belgique partageait les sentimens de l'Angleterre.

Le cabinet de Saint-James convoitait alors, sinon la souveraineté de la Grèce, au moins la presque totalité des fruits de cette croisade moderne dont la France avait fait les plus grands frais. Mais le ministère-Martignac était intéressé pour sa gloire personnelle, comme aussi pour l'intérêt de la France, à s'opposer à de si étranges prétentions.

Un traité d'alliance, sur le point d'être conclu entre la Russie et la France, jeta définitivement l'alarme dans le cabinet de lord Wellington, qui, en bon ministre anglais, voulait conserver à son pays la prépondérance politique dont il était en possession , et qui , imbu des principes aristocrates les plus prononcés , pouvait craindre, dans son intérêt personnel, une réaction de l'opinion publique française et du système de gouvernement que les lois communales et départementales allaient mettre en harmonie avec l'esprit de la Charte constitutionnelle. Cette influence, que quelques années pouvaient activement développer, était de nature à ébranler le crédit déjà chancelant de lord Wellington.

Les autres cabinets européens, tels que l'Allemagne, l'Espagne , la Belgique , tous dévoués aux principes ultramontains et aristocratiques, réunirent les ambassadeurs étrangers au parti contre-révolutionnaire.

L'attitude ferme et énergique des chambres pouvait seule établir un contre-poids à l'influence étrangère , mais on sait combien d'élémens de discorde existaient dans les chambres : de plus, le côté droit favorisait, à son insu sans doute , les projets de l'étranger dont le triomphe assurait les succès des principes aristocratiques. Il était dès-lors impossible qu'un grand changement ne survînt pas dans la politique de la France.

Le ministère-Martignac , trop faible pour résister à de si puissantes influences, fut remplacé le 8 août 1829 , par le ministère-Polignac !...

A peine l'ordonnance de nomination était-elle connue que la France a jeté un cri d'alarme. Le seul fait
de la nomination du nouveau ministère a imprimé
aux esprits un mouvement incalculable. Ce ministère
a été, dès le jour de son avénement, l'objet des attaques
les plus violentes. Jamais la presse n'a exercé plus
d'empire; c'est la presse périodique qui a révélé à la
France tout ce que le nouveau cabinet renfermait
d'élémens hostiles à la liberté nationale. Il n'y a pas
d'exemple d'une répugnance manifestée par une nation avec autant d'accord, d'énergie et d'éclat.

Le ministère a répondu à ce bruyant concert de
sifflets par des destitutions et par des nominations
significatives. Des citations en police correctionnelle
ont été données à presque tous les journaux constitutionnels. C'est surtout contre la presse périodique que
s'est manifestée la haine du ministère; ses amis et ses
agens prétendirent que les attaques dirigées contre le
nouveau cabinet étaient une atteinte grave *à la prérogative royale,* parce que Sa Majesté avait le droit de
choisir ses ministres; que ces attaques étaient odieuses
parce que le *personnel* seul du ministère leur avait
donné naissance, puisqu'aucun acte n'était encore
venu déposer contre ses principes.

Ces griefs dirigés contre la presse périodique ont
été renouvelés par le ministère contre la Chambre
qu'une ordonnance vient de dissoudre. Le ministère

et la cour ont fait un crime aux représentans de la France d'avoir manifesté une profonde antipathie avec les *hommes*, avec les *personnes*.

Il sera facile, pour justifier la chambre des députés, de prouver que le ministère avait révélé à la France ses principes d'administration; mais il importe encore de prouver aux électeurs que les organes de la presse périodique ont usé d'un droit incontestable en attaquant l'ordonnance de nomination du ministère, et que par conséquent les journaux, à part une vivacité d'expression inséparable d'une polémique toujours active, ont bien mérité de la patrie, et que les deux cent vingt-un députés dont M. de Polignac demande à la France la non réélection sont plus dignes que jamais de la confiance des électeurs amis de la paix et du pays.

Les attaques dirigées le 8 août contre l'ordonnance de nomination du ministère-Polignac étaient-elles une atteinte à la *prérogative royale ?*

Les partis sont enclins à exploiter en leur faveur le respect qu'inspire à juste titre la royauté. Les ministres de tous les temps ont fait de leur cause celle du prince. Et, chaque fois qu'ils ont été en butte aux récriminations, ils ont toujours invoqué les *droits*, les *prérogatives* du Roi. Cette méthode est commode; elle dispense de donner de bonnes raisons; mais aujourd'hui que notre éducation constitutionnelle est formée, elle révèle, ou l'ignorance absolue des principes du gouvernemeut représentatif, ou une mauvaise foi politique que l'on ne saurait trop flétrir, surtout lorsque cette prétendue violation des *prérogatives* du prince est présentée aux électeurs comme un motif d'exclusion pour des hommes honorables qui ont rempli leur devoir consciencieusement.

Ignorance des principes du gouvernement représentatif, car le Roi ne peut jamais faire le mal : il agit *toujours* par des ministres responsables ; *toujours et dans tous les cas* les ministres répondent de ses actes, auxquels d'ailleurs ils concourent directement.

J'ai souvent entendu parler des *prérogatives royales*, mais j'avoue que, la charte à la main, je n'ai jamais compris ce terme comme la plupart des publicistes. Il me semble que par *prérogatives royales* on doit entendre certains *droits* que la charte a réservés au prince; ainsi, par exemple, *l'iniatiative* pour la présentation des lois; le droit de refuser la *sanction* à des lois votées par les deux Chambres; le droit de déclarer la guerre , de faire la paix, des alliances, des réglemens d'administration ; le droit de nommer à certains emplois; généralement enfin tous les actes que la charte a réservés à la couronne; comme encore le *droit* de choisir des ministres. Mais ces droits ou prérogatives ne peuvent-ils, selon les événemens, être attaqués dans leur exercice, soit par la presse, soit par les représentans de la nation? Soutenir qu'ils sont inattaquables, c'est une monstrueuse hérésie; c'est faire de la charte un non-sens perpétuel. En effet, le Roi propose une loi; les deux Chambres n'ont-elles pas le droit de la *voter* et de la *discuter* librement? Ne peuvent-elles pas la rejeter? Cette proposition de loi est pourtant un acte de la *prérogative royale !* Mais c'est qu'elle est contre-signée par un ministre responsable; c'est que ce contre-seing est une *approbation positive* de la part du ministre, des principes de la loi. Bien plus, c'est le ministre qui est réputé l'auteur de la loi, comme il l'est en effet presque toujours. Le prince n'étant pas responsable, laisse agir les ministres qui ont sa confiance.

Le raisonnement qui vient d'être fait pour le cas où le Roi propose une loi, est applicable à *tous* les actes de la *prérogative royale*. Que l'on me cite *un seul cas* où ces acte ne sont pas ou ne doivent pas être placés sous l'égide de la responsabilité ministérielle? Comment agit le gouvernement du Roi? Par des lois, par des ordonnances et par des règlemens. Toutes ces lois, ordonnances, et tous ces règlemens, portent le contre-seing d'un ministre responsable. Jamais le Roi ne peut faire *seul* un acte politique légal. Une ordonnance du Roi non contre-signée par un ministre n'a pas force exécutoire; elle est nulle.

La nomination d'un maire de commune n'est-elle pas contresignée comme celle d'un ministère complet? la signature du ministre ne livre-t-elle pas cette ordonnance à la critique? Homme de bonne foi, répondez.

Une locution de la Charte a pu seule donner quelques prétextes aux principes que je combats. Le pacte fondamental, toutes les fois qu'il a été question des actes de la *prérogative royale*, a dit : « *Le Roi fait, le Roi nomme, le Roi propose; le Roi* SEUL *sanctionne, etc. etc.* » Ainsi, prenant ces termes dans leur acception la plus restreinte, on a dit : Puisque le Roi *seul* est désigné dans ces articles de la Charte, on ne peut attaquer ces actes sans porter atteinte à ses prérogatives. Mais, comme je l'ai déjà démontré, si l'on admettait cet étroit raisonnement, les mandataires de la France ne pourraient pas *discuter et voter librement les lois*; ils seraient réduits au rôle d'approbateurs passifs.

Cette locution est destinée à désigner tous les actes du gouvernement dont les ministres sont assurément responsables. Si elle est restrictive surtout par le terme *seul*, c'est que la Charte a voulu désigner clairement que les autres pouvoirs de l'état n'étaient pas compétens pour s'immiscer dans les actes qui sont dans les attributions de la couronne. C'est *l'initiative* du Roi; mais l'exercice de ces droits, grâce à la signature ministérielle, est évidemment exposé aux attaques légales des citoyens. Et, si l'on persistait à soutenir sérieusement qu'attaquer ces actes c'est porter atteinte à la prérogative royale, il faudrait alors citer quels sont les actes dont les ministres sont responsables ; car on ne voit pas dans la Charte un seul acte qui soit dévolu aux ministres. Le Roi agit d'après les conseils de ses ministres responsables.

S'il y a pour le pays, et cela est incontestable, liberté de contrôle dans le cas de la nomination d'un employé de troisième ordre, cette liberté existe pour la nomination des ministres, puisque chaque ordonnance est revêtue de la signature d'un autre ministre ; la parité est parfaite. Autrement pourquoi l'ordonnance de nomination est-elle contre-signée ? Quel serait le but de cette formalité ? C'est que le ministre signataire répond de la nomination ; c'est afin que le choix du prince puisse être examiné par le pays ; c'est afin que le ministre démissionnaire ou renvoyé ne laisse pas entrer dans les conseils du Roi un homme qui puisse compromettre le trône et la France par le seul fait de sa nomination.

Les doctrines contraires à ces principes appartiennent à un autre âge, à un autre gouvernement.

En principe, la nation a donc le droit d'attaquer l'ordonnance de nomination d'un ministère. Ce n'est point une atteinte portée à la *prérogative* royale, puisque le Roi, politiquement parlant, n'a point de *prérogatives* qui soient en dehors de la censure nationale. Tous ses actes politiques, *quel qu'ils soient*, sont approuvés par un ministre responsable. S'il en était autrement, le gouvernement constitutionnel serait une dérision, et le Roi, homme faillible, pourrait faire le mal.

En fait, les ordonnances de nomination de ministère ont toujours été attaquées. Demandez à M. de Polignac? Demandez à la *Gazette*, à la *Quotidienne*? Rien n'est plus propre à prouver la bonne foi des gens que les rapprochemens que nous fournit notre époque, trop fertile en péripéties politiques. Les mêmes hommes qui invoquent aujourd'hui les *prérogatives* royales, qui traitent de *factieux* les bons citoyens, ont attaqué avec une violence et un cynisme de langage qui n'a pas trouvé d'imitateurs dans les *révolutionnaires*, les mêmes actes qu'ils prétendent aujourd'hui être placés en-dehors de toute polémique. Aujourd'hui, censurer ces actes c'est être factieux, révolutionnaire, terroriste... Il y a quelques jours, la *Gazette* ne disait-elle pas que M. de Villèle pouvait SEUL *sauver* la monarchie? N'était-ce pas, selon ses principes, critiquer l'exercice de la prérogative royale dans la nomination de M. de Peyronnet et dans l'oubli dont M. de Villèle avait été l'objet?

On voit donc que le ministère veut, en invoquant la *prérogative* du Roi, *cacher ses guenilles sous un pan du manteau royal*, comme le disait énergiquement le général Foy.

Ainsi les électeurs de la France approuveront la conduite de leurs mandataires, et des défenseurs périodiques des libertés publiques.

Mais la presse périodique, que le ministère étouffera sans retour, si les électeurs accordent leurs suffrages aux amis de M. de Polignac, a-t-elle agi convenablement en attaquant le *personnel* du ministère avant qu'aucun acte ne fût venu déposer contre ses principes ?

Ce n'est point une question de *droit*, c'est une question de convenance qu'il s'agit d'examiner, car le droit de censurer l'ordonnance de nomination d'un ministère est désormais incontestable.

Les personnalités répugnent à la délicatesse de nos mœurs. Nous nous déterminons avec peine à attaquer nominativement les hommes. Les principes, les actes, sont plus dignes de nos méditations; mais il faut prendre garde de céder trop légèrement à cette susceptibilité un peu méticuleuse. Dans un gouvernement représentatif l'intérêt de la nation doit imposer silence à quelques convenances de salon; si la vie

privée doit être murée, la vie publique doit être
soumise à l'examen le plus scrupuleux. Un homme
ne renferme-t-il pas quelquefois tout un système?
Pourquoi a-t-on réclamé de la Chambre des députés
l'exclusion de M. Grégoire, pour cause d'*indignité*?
C'est que sa *personne* a paru représenter une opinion
incompatible avec la maison de Bourbon.

Il y a eu violation de la Charte qui commande l'*oubli*; et de plus on a cédé à des considérations tirées
uniquement de la *personne* de M. Grégoire.

Dans un gouvernement comme le nôtre, on ne parvient au ministère qu'avec des antécédens politiques.
Un homme inconnu n'y peut avoir entrée. Le *personnel* d'un ministère révèle ses principes et son système
d'administration.

Le *personnel* du ministère du 8 août 1829 était significatif. Le premier ministre, M. de Polignac,
prince romain, affilié à la congrégation, avait refusé
de prêter serment à la Charte; il avait voté avec la
majorité de cette fameuse chambre introuvable, qui
regardait Louis XVIII comme un roi *jacobin*; il avait
appuyé à la Chambre des pairs la célèbre proposition
de M. de Barthélemy, qui avait pour but de substituer le régime des ordonnances et du bon plaisir à
l'ordre légal et constitutionnel.

Je ne parlerai pas des autres ministres.... *Ab uno disce omnes.*

Si le système n'avait pas été intimement lié aux noms, pourquoi les organes de la contre-révolution, la *Gazette*, la *Quotidienne*, le *Conservateur*, ont-ils poussé des cris de joie? Les hommes qui provoquaient les éloges des journaux de la contre-révolution et des ennemis avoués de la Charte devaient infailliblement compter sur les attaques de leurs adversaires. Autrement il y aurait eu perturbation de principes.

Les antécédens des membres du ministère justifiaient suffisamment les appréhensions des hommes attachés à nos institutions. On pouvait tout craindre d'un ministère au milieu duquel siégeait ce fougueux député qui, au temps des réactions politiques, voulait que la restauration signalât son avénement par *des fers! des bourreaux! quelques gouttes de sang! la mort!!*

L'énergie d'une part, l'impéritie de l'autre; et la haine d'une constitution qui pose en principe l'égalité de tous les citoyens, c'était assez pour inspirer de vives craintes à la France.

Mais encore, laissant de côté ces déplorables antécédens pourtant si éloquens, pour ne nous en tenir qu'aux doctrines présentement avouées, il est facile de prouver que le ministère avait deux jours après son avénement justifié toute espèce d'attaque.

En effet, les journaux constitutionnels cités en police correctionnelle ; les journaux absolûtistes triomphans, et de plus entonnant des hymnes de joie !

Les principes suivans étaient professés par la *Gazette* avec une horrible forfanterie :

La progression ascendante ou descendante de la criminalité est en raison presque toujours exacte de la progression de l'instruction.

Les hommes respectent dans la proportion de leur ignorance les personnes et les propriétés.

Les plus coupables des quatre points cardinaux de la France, sont l'Est et le Nord, tandis que l'Ouest et le Midi sont comparativement moins criminels. (L'Ouest et le Midi sont les deux points cardinaux de le France dépourvus d'industrie et d'instruction).

La société la plus parfaite comme la plus paisible serait celle où chacun reconnaîtrait la loi divine, comme loi de la loi civile.

L'instruction publique est le véritable apanage du clergé ; elle appartient au sacerdoce en vertu de son autorité spirituelle. Lui ôter cette direction, c'est anéantir à la fois le matériel et l'esprit de l'enseignement.

Telles étaient et telles sont encore les doctrines des partisans du ministère-Polignac! Telles ont été les doctrines professées à la tribune nationale par plusieurs membres de ce cabinet! L'ignorance, présentée comme le type du bonheur social! La théocratie comme la meilleure forme de gouvernement!

Telle est l'impulsion que les amis avoués du ministère voulaient imprimer à la marche de l'administration; tels étaient et tels sont toujours les vœux et les doctrines du ministère-Polignac!

Je pourrais citer d'autres passages plus coupables encore, mais ce paragraphe de la *Gazette* suffit pour donner une idée des principes des hommes qui osent se dire *royalistes* exclusivement. L'ignorance!!!

Ne point attaquer le *personnel* du ministère eût été pour des royalistes constitutionnels ou impéritie ou lâcheté. C'eût été compromettre les intérêts du trône et du pays.

C'est en vain que, pour donner le change à la France et aux électeurs, les organes de l'administration ont cherché à jeter de la défiance sur les adversaires du ministère. Des hommes que l'on n'osera jamais appeler *révolutionnaires*, ni *terroristes*, que même la

France pourra peut-être avec raison regarder comme trop tièdes pour la liberté, ont spontanément partagé la répugnance du pays pour le nouveau ministère. M. Bertin, vétéran de la monarchie, qui fut aussi enfermé au temple, a jeté un cri d'alarme : la prison faillit le punir de son dévoument à la royauté! M. de Belleyme, préfet de police, refusa, malgré les plus augustes instances, d'associer son nom à une administration incompatible avec le bonheur de la France. M. de Rigny n'accepta point le portefeuille de la marine. MM. Salvandy, Villemain, Heli d'Oissel, Alex. Delaborde, s'empressèrent à l'envi de donner leur démission de maitres des requètes et de conseillers d'État. Certes ces actes de désintéressement aussi expressifs que spontanés, émanant d'hommes qui siégeraient plutôt au centre droit qu'au centre gauche de la chambre des députés, exprimaient énergiquement l'opinion de la France modérée.

M. de Châteaubriand donna aussi sa démission d'ambassadeur à la cour de Rome... M. de Châteaubriand *révolutionnaire!* M. de Châteaubriant *l'ennemi* de la maison de Bourbon!...

Beaucoup d'autres dignitaires imitèrent ces exemples à jamais mémorables que l'histoire recueillera comme des faits propres à révéler l'esprit national. Jamais en aucun pays manifestation de la répugnance publique ne fut aussi énergique.

Mais bientôt l'opinion publique eut de nouveaux motifs de repousser la nouvelle administration. *Tous les journaux anglais, sans aucune distinction d'opinion,* exprimèrent la plus vive satisfaction de la nomination de M. de Polignac. Cela se conçoit, les anglais sont anglais avant tout, et un événement funeste à la France devait être pour eux un motif d'alégresse.

C'est alors que la France comprit toute la profondeur de la plaie politique dont elle venait d'être affligée, c'est alors que les prévisions de la crainte furent suffisamment justifiées.

Electeurs! voilà sous quels auspices s'est annoncé le ministère-Polignac! Vous le voyez, si la Chambre des Députés avait été convoquée dix jours après la nomination du ministère, elle aurait déjà pu apprécier tout ce que cette administration avait de menaçant pour la France. **Mais** ce n'a été que sept mois plus tard que nos mandataires ont été appelés à leur poste.

Jetons un coup-d'œil rapide sur les actes de cette administration.

C'est chose curieuse et affligeante que de suivre pas à pas la marche du ministère. Jamais peut-être administration environnée de tant d'entraves n'a consommé plus d'actes préparatoires et de la plus haute importance. C'est une tactique qu'il n'appartient qu'aux ennemis de nos institutions de mettre en pratique : *avancer peu à peu; piano, pianissimo.* L'esprit jésuitique a passé par là :

Tout vient à point pour qui sait attendre.

Le premier acte de la nouvelle administration a été énergique; il renferme tout un système : la nomination de M. Mangin à la place de M. Debelleyme !

Une circulaire sortie des bureaux du ministère de l'intérieur demandait aux fonctionnaires publics, sous peine de destitution, un dévouement sans bornes.

Les procès de la presse augmentèrent dans une progression effrayante contre les journaux attachés aux principes de la charte. Car c'est toujours pour les amis de la charte que grondent les foudres du parquet.

Les journaux amis du ministère professèrent les principes les plus étranges; ils murmurèrent les mots de *censure,* de *pouvoir constituant, de dictature.*

Au milieu de toutes ces sinistres prophéties, la Quotidienne s'écriait :

« Depuis les premiers jours de la restauration, si

» l'on en excepte toutefois l'avant-dernier ministère
» (celui de M. de Villèle), qui s'était fait un mode de
» gouverner hors de toute comparaison et de tout
» exemple, les hommes du pouvoir, par je ne sais quel
» entraînement, sont tous tombés *dans l'ornière d'un*
» *modérantisme* dont personne ne leur a su gré *et dont*
» *à coup sûr la France ne s'est pas bien trouvée.*
» PUISSENT LES NOUVEAUX MINISTRES Y ÉCHAPPER ! »

Le *Conservateur* imprimait les lignes suivantes :

« Nous sommes dans un moment de crise, il n'y a
» nul doute : tous, sans distinction de parti, en font
» l'aveu. Une révolution, ou pour mieux dire, une
» *contre-révolution* paraît donc inévitable. Qui a re-
» mis notre malheureuse patrie dans une position si
» alarmante? Français, ne nous le cachons point,
» quinze ans ont dû nous convaincre *qu'une charte*
» qui a consacré une grande partie des théories révo-
» lutionnaires, sous prétexte qu'il fallait y admettre
» *les nécessités de la révolution*, comme il plaît aux
» libéraux d'appeler tout ce qu'on y trouve de prin-
» cipes démocratiques, *est un amalgame d'objets in-*
» *cohérens* (1), *de démocratie* et de royauté, où toute
» fois la première l'emporte de beaucoup sur la se-
» conde, *et à tel point qu'il était facile de prévoir, dès*

______

(1) M. de Labourdonnaye, lui-même, s'était borné à dire que la Charte était *un monument incomplet de législation.*

» *qu'elle parut, que son existence serait précaire, tou-*
» *jours menacée et de courte durée,* OR SA FIN PARAÎT
» ÊTRE ARRIVÉE... »

Puis ce journal monarchique conseille au roi d'employer des *mesures extraordinaires pour exterminer des ennemis qu'on ne peut ni gagner par la douceur, ni ramener par la raison.*

Ces deux journaux, électeurs, sont les défenseurs du ministère, les confidens de ses pensées, de ses projets! Il y a même quelques années, M. de Polignac était un des rédacteurs du *Conservateur.*

La manifestation éclatante de l'opinion publique opposa une barrière à l'ardeur belliqueuse du nouveau cabinet; il ne déploya point d'énergie, mais il prononça de nombreuses destitutions et s'empressa de choisir les nouveaux élus parmi les gens sans probité politique, qui depuis long-temps essuyaient les mépris de la nation.

La France dans une attitude calme et imposante prouva au prince que les émeutes populaires appartenaient à un autre âge; elle résolut de résister aux envahissemens du ministère; mais trop forte et trop puissante pour recourir à la résistance des masses armées, elle invoqua la résistance légale. C'est alors que s'organisèrent les associations départementales pour le refus des impôts illégalement établis. Le ministère pâlit et traduisit devant les tribunaux les journaux qui publièrent le texte de ces associations éminemment légales et patriotiques. Les journalistes furent condamnés comme ayant *outragé les ministres en les croyant capables de violer les lois de l'état*, considérant plus énergique que les associations elles-mêmes! les motifs de l'arrêt furent pour le pays; la prison pour les journalistes.

Les signataires bien connus des associations ne furent pas poursuivis. Ainsi les historiens apologistes des associations furent punis tandis que les signataires demeurèrent en paix.

Ces procès font naître de tristes et de nombreuses réflexions.

A cette attitude imposante de la France les organes du ministère repondaient par des outrages, des délits et des mensonges.

Jamais les hommes qui se plaignent de la licence de la presse n'ont eu de modèles des écarts coupables auxquels ils se sont livrés.

La *Gazette* a osé traiter, dans un ignoble langage, les magistrats de la cour royale de Paris *d'hómmes de la défection!* Et, ce qui rend plus odieux encore ces grossières insultes, c'est que l'acquittement de M. Berlin, écrivain monarchique constitutionnel, a seul donné naissance à cette haine aveugle! la *Gazette* a été jusqu'à rendre publique la délibération de la cour !

Si un journal constitutionnel eût ainsi violé toutes les convenances et les lois, le châtiment ne se fût pas fait attendre!

En effet, le gérant du *Courrier Français* n'a-t-il pas été condamné à quinze jours de prison, pour avoir, le lendemain d'une condamnation, manqué dans un article de respect à ses juges! Le gérant du *Journal de Paris* n'a-t-il pas eu le même sort pour avoir imprimé quelques expressions inconvenantes et injurieuses contre M. Levavasseur, son adversaire; et le châtiment n'a-t-il pas suivi de près le délit?

Un magistrat, M. Cottu, jadis libéral, a professé dans plusieurs brochures des principes éminemment destructeurs de notre système de gouvernement; il a même injurié le chef de sa compagnie, M. le premier président Séguier.

Un journal, l'*Apostolique*, a publié des articles qui surpassent en audace, en cynisme, tout ce que l'imagination peut inventer d'effroyable. J'en donnerais des extraits si je ne craignais de me rendre moralement complice de tant d'atrocités dirigées même contre la personne du Roi, alors surtout que ce prince concourait avec le peuple parisien au soulagement des malheureux.

Les amis du ministère ont applaudi à ce dévergondage ; les agens du ministère, encouragés par l'impunité , ont bientôt dépassé toutes les bornes.

C'est alors que parut le fameux *Mémoire au Conseil du Roi* ! Ce factum , dédié à M. de Polignac, portait la signature de M. Madrolle qui a failli entrer au ministère du 8 août ! M. Madrolle a dit plus tard qu'il n'était que l'auteur *apparent*, l'auteur *extérieur* de cet ouvrage, laissant, par un sourire significatif, entendre aux magistrats que c'était, en quelque sorte, un ouvrage lancé par le ministère pour sonder l'opinion publique.

Ce mémoire, comme on le sait, proposait formellement au prince de changer par une *ordonnance* la loi des élections. C'est précisément le renouvellement de la proposition de M. de Barthélemy pour laquelle M. de Polignac avait voté à la chambre des pairs !

Puis venaient les outrages envers les cours et tribunaux : la cour royale de Paris est *une convention au petit pied* !

« Divers tribunaux de province viennent, en fait
» de presse, de rendre des jugemens qui surpassent
» en BÊTISE ainsi qu'en AUDACE RÉVOLUTIONNAIRE tout
» ce qu'on connaissait jusqu'alors. »

Suivent des outrages aux électeurs. M. Madrolle,

comme la *Quotidienne* et la *Gazette*, méprise souve-
rainement les industriels qu'ils appellent dédaigneu-
sement la *gent corvéable des libéraux*, expression éminemment outrageante

On pense bien que les membres de la Chambre
des députés n'ont point été épargnés. Rien d'hono-
rable n'a échappé aux grossiers outrages de M. Madrolle.

Cependant le ministère qui avait fait poursuivre
à outrance tous les écrivains constitutionnels n'avait
encore donné aucun ordre contre cet écrit séditieux
et outrageant. M. de Polignac s'était borné à faire
insérer dans la *Gazette* les lignes suivantes : « Le
» *Mémoire au Conseil du Roi* est dédié au prince de
» Polignac. Nous pouvons assurer que le président
» du conseil n'a point autorisé cette dédicace, dont
» il n'a eu connaissance que par les journaux. »

Aussitôt la *Gazette* et le *Drapeau blanc*, qui quelque temps avant parlaient du *pouvoir constituant*,
du *pouvoir conservateur*, de la *dictature*, désavouèrent
cet écrit incendiaire, ainsi que ceux de MM. Cottu et
Azaïs qui indiquaient au prince les mêmes remèdes
que M. Madrolle contre ce qu'ils appellent la *révolution*.

Pourquoi ces désaveux? C'est que la France était

indignée; c'est que la Chambre des députés ne s'était pas encore prononcée, on voulait la ménager.

Le poursuites contre ce *Mémoire* commencèren aussitôt que quelques représentans de la nation nominativement outragés dans ce libelle se furent plaints de l'inaction du ministère public, si plein de zèle contre les écrivains constitutionnels.

Ce n'a été qu'après trois mois d'instruction ; délai inoui en pareille matière, que le tribunal de police correctionnelle a été saisi de ce procès (1).

Si j'ai relaté ces faits, ce n'est pas que je désire voir le ministère exercer des poursuites contre les écrivains même absolutistes : liberté pour tous. Mais j'ai voulu signaler aux électeurs la partialité du ministère, et leur prouver comment il entend l'égalité devant la loi. De plus, malgré le désaveu semi-officiel de M. de Polignac, on croira toujours qu'il n'a en apparence rejeté loin de lui l'auteur du *Mémoire* que pour flatter la Chambre des députés. Le *Mémoire* contenait, à part les injures, les principes professés par le premier

---

(1) La chambre du conseil, écartant les autres délits que le ministère public avait cru reconnaître dans ce *Mémoire*, n'a renvoyé M. Madrolle devant la police correctionnelle, que sous la prévention d'outrages envers la magistrature. M. Madrolle, condamné à quinze jours de prison, a interjeté appel devant la cour royale de Paris elle-même.

ministre actuel à la *Chambre introuvable* et à la chambre des pairs ; c'est un fait facile à prouver......

Déjà aux nombreux actes du ministère était venu se joindre un fait significatif : la candidature de M. Dudon, l'homme le plus impopulaire de France, appuyée dans un collége électoral par le ministère !... M. Donatien de Sesmaisons, pair de France, refusa sa voix à l'homme qui a subi toute espèce d'attaques, et cet électeur fut rayé des contrôles de l'état-major de la garde royale !

Électeurs ! c'est ainsi que M. de Polignac comprend la liberté des élections !

Bientôt M. de Polignac eut occasion de prouver à la France ses hautes capacités ; il bégaya deux mauvaises phrases à la tribune nationale et un raisonnement qui excita un rire inextinguible.

C'est alors que le mot de M. de Labourdonnaie, sorti du conseil, acquit l'autorité et la sanction de la preuve (1).

Le moment décisif arriva : le ministère avait fait répéter pendant cinq mois par ses organes qu'il avait

(1) On assure que M. de Labourdonnaye a dit qu'il ne pouvait rester ministre avec des hommes qui ne savaient ni concevoir, ni parler, ni comprendre, ni agir.

une majorité prononcé dans les deux chambres ; l'a-
dresse de la Chambre des députés, en réponse à un
discours du trône menaçant, fut respectueuse, mais
ferme et franche. M. de Polignac avoua qu'il n'avait
pas la majorité !... Les députés consciencieux qui
avaient accompli un devoir furent traités par la *Gazette*, la *Quotidienne* et le *Drapeau blanc*, de *factieux*,
d'*insolens*, de *misérables !*...

Le ministère public garda encore le silence !

C'est que, comme nous l'ont appris deux procureurs
du roi (1), les poursuites en matière de presse ne sont
ordinairement dirigées que d'après les ordres du ministère.

Une administration digne de la France aurait pu
désirer le renvoi de la Chambre des députés par les
moyens légaux, mais n'aurait jamais permis que ses
agens insultassent impunément des hommes assurément honorables.

Cette conduite du ministère est sa condamnation la
plus flétrissante.

Le motif de ce silence du ministère et de ces attaques de la part de ses agens, c'est, dit-on, que les

(1) M. Brunet, procureur du roi, à Niort, et M. Rossard de Mian-
ville, procureur du roi à Chartres.

3.

députés ont par l'*adresse au Roi* outrepassé leurs pouvoirs, violé les convenances, et manqué de respect à
Sa Majesté.

Ces griefs sont graves : examinons avec attention
leur mérite. Électeurs ! si vos mandataires sont coupables, refusez-leur désormais vos suffrages, ils en
sont indignes. Mais, s'ils sont restés dans la limite de
leurs droits et de leurs devoirs, apprenez au ministère,
par leur réélection, que vous êtes dignes de la liberté !
Apprenez-lui par le rejet de ses candidats qu'il y a
en France, même dans la *gent corvéable et taillable*,
une probité politique qui s'indigne et qui punit les
accusateurs calomnieux !

Les représentans de la nation forment une branche
du gouvernement ; ils en sont la partie nécessaire ;
sans leur concours, pas de lois, pas de budget. Chacun des pouvoirs de l'état est indépendant de l'autre, et pourtant ils sont tous soumis à une influence
mutuelle. C'est l'accord des trois pouvoirs qui constitue l'exercice légal du gouvernement ; c'est cet accord
qui constitue le gouvernement lui-même.

Indépendans, les députés sont libres d'accorder ou
de refuser leur appui au ministère, comme le prince
est libre de choisir ses ministres.

Mais cette liberté réciproque est soumise à quelques restrictions ; cette liberté n'existe réellement qu'autant que les trois pouvoirs marchent en harmonie de principes et de plans.

C'est cette fusion qui fait l'excellence du gouvernement représentatif.

Ce n'est pas sans étonnement, sans indignation, que les hommes sages et sensés ont entendu des journaux soi-disant royalistes traiter impunément les membres de l'un des trois pouvoirs de l'état de *misérables! d'insolens!* épithètes éminemment outrageantes, qui appartiennent au langage des halles.

Mais quelque chose qui mérite davantage l'attention des électeurs, ce sont les raisonnemens à l'aide desquels on a prétendu prouver que la Chambre des députés avait outrepassé ses pouvoirs et manqué aux convenances en répondant comme elle l'a fait, au discours de la couronne.

Le discours du trône (1) était menaçant ; il traçait impérieusement aux députés la conduite qu'ils avaient à tenir. On leur disait : Il nous faut votre concours ; si vous le refusez, nous saurons prendre des mesures énergiques.

Voilà le résumé du discours ministériel.

_____

(1) Il ne faut pas oublier que ces discours sont toujours l'œuvre de ministres.

Une expression peu parlementaire (1) s'était glissée dans l'original ; elle a été prononcée ; l'effet qu'elle produisit sur l'assemblée détermina le ministère à la retrancher dans la publication officielle du discours.

Que devait faire la Chambre des députés ?

En opposition de principes avec le nouveau cabinet, déjà suffisamment connu par ses actes depuis son avènement au ministère, la Chambre devait-elle, par faiblesse, par pusillanimité, trahir la confiance de ses commettans et faire le sacrifice de sa conscience à des hommes qu'elle regardait comme funestes au pays ? Non ! c'eût été un crime.

La Chambre devait-elle promettre au ministère un concours qu'elle aurait eu l'intention de refuser ? Non ! C'eût été une basse perfidie.

La majorité de la Chambre a répondu au prince : Vous nous demandez notre concours ; mais nous ne pouvons, sans manquer à notre mandat, sans trahir nos devoirs, sans vous trahir, l'accorder à des ministres que nous regardons comme antipathiques avec la nation, comme des génies funestes à -la France. Choisissez entre ce cabinet et nous ; dissolvez la Chambre, ou renvoyez vos ministres.

(1) Vous repousserez *avec mépris* les insinuations , etc., etc., etc.

Les termes de cette adresse étaient d'une convenance incontestable; le respect pour le prince était allié à la dignité que devaient conserver les représentans du peuple. Il n'y a que la malveillance ou la susceptibilité la plus outrée qui ait pu blâmer cette adresse sous le rapport des convenances.

La majorité des députés est restée dans les limites de ses droits constitutionnels. Cela résulte de la définition de la Chambre, qui est un des pouvoirs de l'état, qui constitue, concurremment avec les deux autres pouvoirs, le gouvernement français.

Mais encore l'histoire nous offre-t-elle des exemples qu'il est bon de rappeler. Je citerai de préférence mes adversaires, ou au moins des hommes qui ont été assez heureux pour donner à la maison de Bourbon des gages de dévoûment.

Voici comment s'exprimait, en 1789, à l'assemblée nationale, le royaliste Mounier :

« L'assemblée nationale doit éclairer le monarque ;
» elle doit *solliciter le rappel* des ministres victimes de
» leur dévoûment aux intérêts du trône et à ceux de
» la patrie. Par reconnaissance, par amour de la jus-
» tice, elle doit *représenter* au Roi tous les dangers
» auxquels on expose la France, *et lui déclarer que*
» *l'assemblée nationale ne peut accorder aucune con-*

» *fiance aux ministres* qui, en restant en place, ou à
» ceux qui, acceptant les fonctions de MM. Necker,
» de Montmorin, de la Luzerne et de Saint-Priest,
» ont manifesté des principes contraires au bien
» public. »

» Je propose qu'il soit fait une adresse au Roi, et une
» députation pour le supplier de *rappeler* MM. Nec-
» ker, de Montmorin, de la Luzerne et de Saint-
» Priest, *pour lui représenter que l'assemblée nationale*
» *ne peut avoir aucune confiance dans ceux qu'ileur*
» *ont succédé, ou qui sont restés en place.* »

Telles étaient les paroles d'un homme si dévoué
à la famille royale ! Il ne se bornait pas à dire au
prince: Renvoyez vos ministres et choisissez-en de nouveaux; renvoyez-nous ou renvoyez vos ministres; mais
il disait: *Rappelez* ceux auxquels vous avez retiré votre
confiance; à eux seuls nous prêterons notre appui.
C'était prescrire au monarque le choix qu'il devait
faire.

Que l'on remarque que MM. Necker, de Montmorin et leurs collègues, étaient réellement populaires,
tandis que MM. de Breteuil, de la Galaizière, de la
Port, ministres dont on demandait le renvoi, repré-
sentaient, sous presque tous les rapports, le ministère
Polignac. L'assemblée nationale demandait donc plus
que la Chambre des députés, puisque MM. de Mar-

tignac, de Portalis, Bourdeau, ne jouissaient que d'une bien faible popularité (1), et puis que la Chambre n'a point demandé leur rappel.

Un autre membre de l'assemblée nationale, dont le dévoûment à nos princes est connu, M. de Lalli-Tollendal, disait après M. Mounier :

» Doutez-vous, Messieurs, que je n'adhère autant » que je le puis à la motion qui vient d'être faite? *Je* » *la signerais de mon sang.*

«Sans doute le Roi est maître absolu de composer » son ministère comme il lui plaît; *mais nous pouvons* » *lui indiquer les bons serviteurs, comme le détourner* » *des mauvais.* Nous pouvons lui adresser des prières » respectueuses, tendres, soumises; *nous pouvons lui* » *dire qu'il est des circonstances où la vertu d'un prince* » *ne suffit pas à elle seule*, où elle a besoin de trouver » le concours d'autres vertus dans son conseil, et » qu'assurément nous sommes dans une de ces cir- » constances. Mais nous pouvons le conjurer, par l'a- » mour que nous lui portons, par la fidélité que nous » lui garderons toujours, par les entrailles de la pa- » trie déchirée, de *rappeler les* SEULS ministres dignes » de sa confiance, et les SEULS qui possèdent la nôtre...

____

(1) C'est l'impopularité inouïe de M. de Polignac qui a donné quelque popularité au ministère qui l'a précédé.

» Si le Roi nous refuse, comme nous sommes *aussi*
» *libres dans l'expression de nos sentimens*, que le
» monarque l'est dans la distribution de ses faveurs,
» nous dont on n'a point surpris la religion, nous
» qu'on n'a pas induits en erreur, *nous pouvons et*
» *nous devons voter des témoignages solennels d'estime*
» *et de regret, nous devons adresser des remerciemens*
» *et des hommages à MM. Necker, de Montmo-*
» *rin, etc., etc...* »

Voilà quels principes professaient, il y a quarante
ans, les royalistes les plus dévoués; et aujourd'hui
que nous vivons sous un gouvernement constitutionnel, avec une Charte, le langage respectueux de la
Chambre des députés serait répréhensible! Mais l'a-
dresse de 1830 ne disait pas au Roi: Rappelez tels et
tels ministres que vous avez renvoyés; elle ne circon-
scrivait pas les volontés et les affections du monarque.
elle disait: Choisissez entre nous et vos ministres.
Langage éminemment constitutionnel! Langage qui
révèle le profond respect dont la Chambre des députés
était pénétrée pour le prince!

Déjà même les fastes du gouvernement de la Charte
nous offrent un exemple identique. Une adresse parlementaire, respectueuse, quoique moins obséquieuse
que celle de 1830, a demandé au roi Louis XVIII le
renvoi de ses ministres, MM. Ferrand, Dambray, etc.
Et dira-t-on que cette Chambre voulait aussi renverser

la monarchie! La France serait donc une pépinière
de factieux?

Comme on le voit, les députés de 1830 ont accompli
un devoir; ils ont exercé un droit et sont restés dans
les bornes des convenances en votant l'adresse au roi.
Le ministère qui a souffert que ses agens insultassent
aussi grossièrement l'un des trois pouvoirs de l'état,
les représentans de la France, a prouvé son mépris
pour la nation et a suffisamment justifié par cette
conduite les attaques même virulentes dont il a été
l'objet; l'indignation a aussi sa noblesse.

Bientôt le ministère a fait usage du glaive des destitutions, arme favorite du bon plaisir; les députés
fonctionn aires, qui, à la Chambre, avaient suivi
la voix de leur conscience en votant pour l'adresse, ont
été destitués : MM. de Beaumont, de Lézardière, etc.,
étaient des préfets trop consciencieux pour frauder *avec
opportunité* les élections (1)..... M. de Calmont, ad-
ministrateur des domaines, connaissait trop bien cette
spécialité, il fut destitué :

Il fallait un mathématicien, ce fut un danseur qui l'obtint!

A ces nombreuses destitutions sont venus se join–

(1) Expression que l'on remarque dans la dernière circulaire de
M. de Peyronnet; Son Excellence recommande aux préfets de faire
avec opportunité tout ce que les lois électorales permettent. Que de
choses dans ce mot!

dre une multitude de petits actes significatifs. Par exemple, M. de Polignac a créé une école d'apprentissage diplomatique. On y pourra être admis *pourvu que l'on ait une fortune suffisante*! Ainsi l'aristocratie financière sera désormais investie de droit, à l'exclusion de tous autres, des places diplomatiques! Mais que devient alors l'article de la Charte qui pose en principe l'admissibilité des Français, sans aucune distinction, à tous les emplois civils et militaires? Si le budget s'élève à un énorme milliard, n'est-ce pas parce que les places qui, par la représentation qu'elles exigent, occasionnent des dépenses, sont convenablement rétribuées?

Faut-il énumérer ces nombreuses nominations et promotions faites dans toutes les parties du service public? Ce sont autant de créatures que le ministère s'est attachées. Faut-il parler de ce chiffre inouï de magistrats amovibles et inamovibles qu'il a fait entrer dans tous les tribunaux de France? de ces légions de juges auditeurs entièrement dévoués à l'administration? La tactique la plus honteuse, la plus machiavélique de M. de Villèle a été de s'introduire dans la magistrature des hommes politiques, qui, au lieu d'une conscience pure et vierge de toutes préventions, apportaient dans le sanctuaire des lois des *opinions*, des *doctrines*, des *haines de parti*. Comme hommes, comme particuliers, tous ces magistrats méritent sans doute, l'estime et le respect de leurs concitoyens ; dans les affaires ordinaires, les justiciables ont en eux la plus grande confiance; mais, dans les affaires politiques, ils ne peuvent offrir aux préve- nus la première de toutes les garanties, l'impassibi- lité devant la loi. Le fait même de leur nomination est un acte politique; les ministères Villèle et Poli- gnac se sont ainsi créé des défenseurs, d'autant plus précieux, que les principes sont chez eux une affaire de conviction personnelle. L'homme ne peut entière- ment se dépouiller de ses principes; il subit, même à son insu, leur tyrannique influence.

C'est pourquoi le jury, en matière politique, est le seul juge convenable; les jurés sont naturellement indulgens; d'ailleurs ils représentent le pays ; leurs verdicts portent l'empreinte de l'opinion.

Les affaires étrangères attestèrent à la France que ses représentans avaient tenu la seule conduite que ses intérêts exigeaient; la souveraineté de la Grèce donnée par M. de Polignac à l'Angleterre la guerre d'Alger résolue, déclarée, préparée, commencée, je ne dirai pas sans avoir consulté la France, mais sans avoir de- mandé aux chambres les fonds nécessaires........ On n'avait point agi de la sorte même pour la guerre d'Espagne !

La dissolution de la Chambre vient d'être prononc- cée. Électeurs! c'est à vous que le ministère fait un appel! il vous dénonce vos mandataires! C'est de vous que dépend le sort de la France!

La conduite du ministère sur laquelle nous n'avons jeté qu'un coup-d'œil rapide et incomplet révèle ses habitudes de haine et de despotisme. Les hommes dont il s'est entouré, ceux qu'il a frappés, attestent qu'il n'a point apostasié sa religion politique. Ce n'est pas seulement le *déplorable* régime de M. de Villèle qui nous attend, si les élections sont conformes aux vœux du ministère, c'est le retour des beaux jours de l'ancien régime, c'est la réalisation des vœux de la chambre *introuvable*!

Déjà les fraudes électorales s'organisent : le ministère ne veut pas une représentation nationale qui soit l'expression de l'opinion publique; il veut des hommes *dévoués?* Sa conduite antérieure à la dissolution de la Chambre l'a prouvé; sa conduite postérieure le prouve encore.

•En effet, comme s'il n'avait pas assez mérité la réprobation nationale, comme s'il n'avait pas jeté assez de brandons de discordes dans la patrie, M. de Polignac fait entrer au ministère, qui? M. de Chantelauze! Qui? M. Capelle! Qui? M. de Peyronnet!!!

M. Capelle! le grand falsificateur des élections!

Ces faits n'ont pas besoin de commentaires; ils sont d'une effrayante énergie..... M. de Peyronnet le plus *déplorable* des *déplorables* !

Non-seulement le ministère promène dans toutes les provinces le glaive des destitutions; (1) non-seulement il frappe brutalement les employés consciencieux, mais encore il ordonne de diminuer les cotes d'impositions aux électeurs; les patentes ont surtout subi de grandes variations. C'est ainsi que le ministère élimine, soit des colléges départementaux, soit des colléges d'arrondissement, les électeurs dont la voix ne lui est pas acquise.

Ces faits constituent des accusations graves; mais je puis les justifier; je n'avance rien dont je ne puisse faire la preuve.

De nombreuses réclamations sont adressées de toutes parts contre la vicieuse répartition des impôts pour l'année 1830, et, chose remarquable, c'est que les individus dégrévés sont en âge d'être électeurs, tandis que les personnes qui ont vu s'accroître leurs contributions directes ne peuvent encore remplir ces importantes fonctions, soit à cause de leur jeunesse, soit

(1) Plusieurs secrétaires-généraux de préfectures viennent d'être destitués, on remarque parmi eux M. Méchin fils.

parce qu'ils n'atteignent pas encore le cens nécessaire.
Il faut avouer que, si l'administration n'est pas coupable, et que l'erreur ait seule occasionné ces change-
mens , elle a la main bien malheureuse!

Au reste les fraudes électorales des années précé-
dentes ont inspiré à la France de justes défiances :
aujourd'hui nos lois admettent l'intervention des tiers;
ainsi, que les citoyens qui verront inscrits sur les
listes électorales des hommes qui n'en auront point le
droit, invoquent contre eux les dispositions de notre
législation : les électeurs doivent en pareille circons-
tance faire abnégation de toutes affections person-
nelles; c'est un devoir civique dont la loi charge leur
honneur. Les cours royales feront bonne justice, si,
comme cela est probable, les préfets protègent les amis
du ministère.

M. de Polignac compte surtout sur les voix des
employés du gouvernement, la destitution est la
menace que fera le ministère aux employés consciencieux.

Mais une considération puissante dictera la conduite des électeurs placés entre leurs intérêts et leur
devoir, l'honneur, le bien du pays.

D'ailleurs, s'ils ne renversent pas le ministère, ils

seront tôt ou tard destitués; il faut du dévouement sans bornes à M. de Polignac.

Mais de plus, la loi, toujours d'accord avec la morale, punit sévèrement les électeurs comme les fonctionnaires qui cèdent à de semblables propositions. C'est un trafic qui dégrade également et celui qui le propose et celui qui l'accepte. L'article 113 du Code pénal est ainsi conçu :

» Tout citoyen qui aura, dans les élections, acheté » ou vendu un suffrage *à un prix quelconque*, sera » puni d'interdiction des droits de citoyen et de » toute fonction ou emploi public pendant cinq ans » au moins, et dix ans au plus.

» Seront en outre le vendeur et l'acheteur du suf- » frage, condamnés chacun à une amende double » des *choses* reçues *ou promises.* »

Electeurs! il est de votre devoir de dénoncer les crimes qui seraient commis contre la charte constitutionnelle!

La loi vous impose de grandes obligations : c'est vous qu'elle charge de poursuivre les faux électeurs ; c'est vous qu'elle charge de veiller à l'exécution stricte, franche, loyale, de toutes les formalités protectrices de l'indépendance électorale. C'est à vous d'exiger que tous les électeurs observent le secret des votes. La loi a consacré un article spécialement pour cette formalité : elle veut que chaque électeur écrive ou fasse écrire *secrétement* son vote *par un électeur de son choix* et qu'il remette le bulletin *écrit et fermé au président.*

Cette formalité constitue la liberté des élections. Nul n'a le droit de lire le bulletin d'un électeur; *jamais un électeur n'a le droit* de remettre le bulletin *ouvert* au président. Celui-ci même doit en ce cas le refuser.

S'il en était autrement, le ministère pourrait facisement contraindre ses employés à donner leur voix aux candidats ministériels.

C'est donc aux électeurs à veiller à l'exécution de cette formalité fondamentale (1).

Le président et le vice-président du collége élec-

(1) Dans la discussion sur la loi du 20 juillet 1828 , M. le ministre de l'intérieur a reconnu que l'art. 12 , de l'ordonnance du 11 octobre 1820 , est conçu en *termes impératifs.* M. de Beaumont a dit que les électeurs devaient , en cas de violation de l'article , *protester et demander l'insertion de leur réclamation au procès-verbal.*

Dans les séances des 10 et 16 février 1828 , MM. Charles Dupin et Duvergier de Hauranne , parlant comme rapporteurs, ont déclaré que la violation du secret des votes pourrait faire prononcer la nullité d'une élection.

toral ont seuls la police de l'audience ; mais les électeurs ne sont pas tenus d'obtempérer à toutes leurs
injonctions ; il y a des *droits* que les électeurs peuvent
et doivent quelquefois exercer malgré l'opposition du
président.

Il arrive, heureusement cela est rare, qu'un président n'inspire aux électeurs aucune confiance. Lorsque vient le dépouillement du scrutin, si les électeurs
n'ont aucune foi dans la probité politique, soit du
président, soit des membres du bureau provisoire,
un d'eux peut se placer derrière le bureau et sur-
veiller l'opération ; le remplacement du bureau est
d'une haute importance, et c'est surtout cette opéra-
qui doit mériter tous les soins des électeurs. Le bureau décide des cas douteux, le bureau opère le
dépouillement du scrutin, et la loi a pensé qu'il
pouvait y avoir prévarication, puisqu'elle a un article
ainsi conçu :

» Tout citoyen qui, étant chargé, dans un scrutin,
» du dépouillement des billets contenant les suffrages
» des citoyens, *sera surpris falsifiant ces billets*, ou en
» soustrayant de la masse, ou en y ajoutant, ou in-
» sérant sur les billets des votans non lettrés des
» noms autres que ceux qui lui auraient été déclarés,
» sera puni de la peine du carcan. » *Code pénal*,
art. 111.

Il résulte évidemment de cet article que les électeurs ont le droit de surveillor l'opération, car comment pourrait-on *surprendre* le coupable si l'on n'exerçait pas de surveillance?

Le président qui lirait un autre nom que celui inscrit sur le bulletin serait passible de la pénalité de cet article du Code pénal; il en serait de même des scrutateurs; la loi qui a prévu le cas de *surprise* a donc voulu que les électeurs pussent contrôler le dépouillement.

C'est surtout lors de la formation du bureau définitif que les électeurs peuvent user de ce droit; une fois le bureau définitif formé, ce contrôle est moins convenable : les hommes investis de la confiance de la majorité du collége doivent inspirer toute sécurité à la minorité.

Au reste, les électeurs sont juges de la conduite qu'ils doivent tenir; mais, dans tous les cas, il faut que l'ordre ne soit pas troublé par le contrôle. C'est au bon sens, c'est à la prudence des électeurs que la France se confie.

Le ministère, après avoir, par toutes sortes de manœuvres, tenté d'obtenir des électeurs la nomination de ses candidats, va peut-être frapper un dernier coup; M. de Polignac va opérer un changement dans

le personnel du ministère ; peut-être des hommes à-
demi populaires vont entrer au conseil (1).

Electeurs ! défiez-vous de cette ruse ! si vous tom-
biez dans le piège, il vous serait désormais impossible d'échapper aux réseaux de la congrégation !

Quel que soit le personnel du ministère, choisissez
pour vous représenter des amis dévoués aux principes
de la Charte ; choisissez des hommes indépendans,
énergiques, mais sages et prudens. La France ne vous
demande pas des ennemis des ministres, elle attend
de votre patriotisme des défenseurs de la Charte.

Le dernier moyen que le ministère emploiera, ce
ra de parler aux électeurs des vœux du roi.

Vous le savez, les hommes de la contre-révolution
ne veulent jamais mettre le prince en dehors des
passions politiques ; toujours ils invoquent son nom.
Les blasphémateurs ! ils n'ont d'autorité qu'en nous
parlant du roi..... Mais le roi veut le bonheur de la
France, et vous éclairerez sa religion surprise en ac-
cordant votre suffrage à des hommes dévoués aux
principes de la Charte.

(1) Cette opinion n'est pas probable ; si j'ai prévu ce cas, c'est qu'il
en a été question. Mais la nomination de M. de Peyronnet paraît êu c
la dernière édition du ministère du 8 août.

C'est en vain que les malveillans prétendent que, si la nouvelle chambre des députés est composée dans le même esprit que la précédente, le ministère aura recours aux coups-d'état. La France est trop puissante pour trembler devant de pareilles menaces, propres seulement à effrayer les timides. Mais en admettant même que le ministère conçut de si coupables projets, une considération déterminera toujours les électeurs à honorer de leur confiance les défenseurs de la Charte, c'est que le résultat serait au pis aller toujours le même pour la France. Qu'importe en effet que les lois soient violées par le ministère seul, ou que la charte soit renversée du consentement d'une chambre coupable? S'il y avait à choisir entre ces deux malheurs, les hommes sensés préféreraient toujours que le ministère prévaricateur consommât ses usurpations à l'aide de coups d'État, parce que alors sa conduite, loin d'avoir pour égide l'ombre de la légalité, apparaîtrait dans tout son odieux.

Mais d'ailleurs les électeurs resteront convaincus que, devant une représentation nationale énergique, le ministère n'aura d'autre salut que dans une chute honteuse. Il a tout osé jusqu'à ce jour, mais il ne sera pas assez insensé pour traîner sur le bord de l'abîme le trône si cher à la France.

Ainsi donc les électeurs, quoi qu'il puisse arriver,

accorderont leur confiance à des députés gardiens
zélés de la charte, jurée solennellement à Rheims par
Charles X ; ils n'oublieront pas que le système des
coups d'état est un vain fantôme lorsque le peuple est
résolu à n'acquitter que les impôts légalement établis.

www.ingramcontent.com/pod-product-compliance
Lightning Source LLC
LaVergne TN
LVHW010413060726
842526LV00005B/1647